GJT

Anno 2017

Dello stesso autore

Pensieri Biologici (Edizioni Nuove Scritture, 2003)
Verità Relativa (Sofia Editore, 2005)

Il cacciatore di pietre (Edizioni Odissea, 2010)
Scritti alla fine del mondo (Sofia Editore, 2012)
Contaminazione (Sofia Editore, 2014)
Il punto di vista di Dio (Angelica Editore, 2015)

La casa di ghiaccio (Edizioni Dell'Orso, 2016)

La bestia chimica (Edizioni Monsanto, 2016)

La coscienza del seme (Radici Editore, 2016)

e-mail: j.tirelli@virgilio.it

È giunto il tempo della Grande Riconversione Biologica; abbandonare le città per affondare le nostre mani nella terra – zappare, seminare, raccogliere e in fine, sperare. Questa è la sola e vera conoscenza, medicamento e cura per tutti i nostri mali: ritrovare la nostra vera essenza, la magia perduta, il silenzio e la Fede, senza la quale, nulla ha un senso.

Ai miei figli

Gianni Tirelli

MANUALE DI SOPRAVVIVENZA
ALL'IMMINENTE IMPLOSIONE
DEL SISTEMA

SOFIA EDITORE

NOTA INTRODUTTIVA

Prima ancora di entrare nel merito della questione riassunta nel titolo di questo mio testo, intendo tracciare un breve quadro dell'attuale condizione umana, sociale, etica e ambientale, allo scopo di ampliare la consapevolezza nel lettore a conferma delle conclusioni e convinzioni che mi hanno indotto a scriverlo.

Presto, i costi dell'energia prodotta e relativi rincari sulle bollette, saranno talmente esorbitanti e insostenibili, da rendere improponibile qualsiasi altra condizione, offerta e opzione, al punto che saremo costretti a limitare al massimo i consumi, in una sorta di volontario BLACKOUT che finalmente ci costringerà (volenti o nolenti) a rivedere, riscoprire e recuperare le ragioni di uno stile di vita che un tempo limitava l'utilizzo energetico all'essenziale, in una condizione di sobrietà e dignitosa autonomia. Un concetto da me espresso fino alla nausea in molti dei miei articoli e per lo più snobbato e sottovalutato da quella moltitudine di ignavi che come beoti brancolano fra le fitte nebbie del girone degli ottusi. Ma il tempo stringe!

La possibilità dunque di un BLACKOUT GLOBALE, che si pensava ascritta nel novero delle ipotesi catastrofiste, è oggi un'eventualità palpabile e reale. Arrivare impreparati e disorganizzati al giorno di quel fatidico momento, ci preclude ogni speranza di salvezza.

Sono in molti a non credere all'eventualità che il mondo stia per collassare. Una seconda categoria di fanatici e cultori di profezie, al contrario, è convinta della prossima fine del mondo (apocalisse).

Quelli come me, un'estrema minoranza di osservatori sereni e disincantati, sa con matematica certezza che presto il Sistema Liberista Relativista imploderà su se stesso, con tutti gli effetti e le conseguenze del caso.

Una quarta e affollata categoria, diversamente da tutte le altre, vive la realtà presente come una sorta di moderno paradiso terrestre, condividendone ogni mostruosità e respirandone ogni fetore. Sono gli stessi che hanno prodotto la fine.

IL PRINCIPIO DELLA RANA BOLLITA

Immaginate un pentolone pieno d'acqua fredda nel quale nuota tranquillamente una rana. Il fuoco è acceso sotto la pentola, l'acqua si riscalda pian piano. Presto diventa tiepida. La rana la trova piuttosto gradevole e continua a nuotare.

La temperatura sale. Adesso l'acqua è calda. Un po' più di quanto la rana non apprezzi. Si stanca un po', tuttavia non si spaventa.

L'acqua adesso è davvero troppo calda. La rana la trova molto sgradevole, ma si è indebolita, non ha la forza di reagire. Allora sopporta e non fa nulla. Intanto la temperatura sale ancora, fino al momento in cui la rana finisce -semplicemente – morta bollita.

Se la stessa rana fosse stata immersa direttamente nell'acqua a 50° avrebbe dato un forte colpo di zampa, sarebbe balzata subito fuori dal pentolone.

Questa esperienza mostra che – quando un

cambiamento si effettua in maniera sufficientemente lenta – sfugge alla coscienza e non suscita – per la maggior parte del tempo – nessuna reazione, nessuna opposizione, nessuna rivolta.

Se guardiamo ciò che succede nella nostra società da alcuni decenni, ci accorgiamo che stiamo subiamo una lenta deriva alla quale ci abituiamo. Un sacco di cose, che ci avrebbero fatto orrore 20, 30 o 40 anni fa, a poco a poco sono diventate banali, edulcorate, e oggi ci disturbano solo leggermente o lasciano decisamente indifferenti la gran parte delle persone. In nome del progresso e della scienza, i peggiori attentati alle libertà individuali, alla dignità della persona, all'integrità della natura, alla bellezza e alla felicità di vivere, si effettuano lentamente ed inesorabilmente con la complicità costante delle vittime, ignoranti o sprovvedute.

I foschi presagi annunciati per il futuro, anziché suscitare delle reazioni e delle misure preventive, non fanno altro che preparare psicologicamente il popolo ad accettare le condizioni di vita decadenti, perfino drammatiche.

Il permanente ingozzamento di informazioni da parte dei media satura i cervelli che non riescono più a discernere, a pensare con la loro testa.

Allora se non siete come la rana, già mezzo bolliti, date il colpo di zampa salutare, prima che sia troppo tardi. *Noam Chomsky*

DEFINIRLA UNA CRISI È UNA SPORCA MENZOGNA

Ma noi crediamo per davvero, che dopo avere contaminato le acque e l'aria, avvelenato la terra con scorie e rifiuti tossici, disintegrato e incenerito migliaia di milioni di ettari di foresta e costrette all'estinzione infinite specie animali e vegetali, tutto si possa riassorbire, possa rientrare e ricomporre, senza che l'uomo di questo secolo dissennato, paghi il prezzo della sua perversione e degenerazione?

Crediamo davvero, che dopo avere investigato, violato e profanato i misteri della vita, facendo carta straccia di ogni principio etico e valore morale, trasformando il tutto in merce insanguinata da consumare e dalla quale trarne mero profitto, tutto si possa riassorbire, rientrare e ricomporre, senza che l'uomo di questo secolo dissennato, paghi il prezzo delle sue aberrazioni.

Crediamo davvero che l'incommensurabile dolore prodotto dalle crudeltà inferte a centinaia di milioni di bambini nel mondo e alle loro madri, bambini senza pane e senza acqua e di altri affetti dalle più diverse patologie da denutrizione e di natura igienico/sanitarie, bambini sfruttati, abusati, espiantati dai loro organi, ridotti in schiavitù, indotti alla prostituzione, bambini soldato scaraventati a combattere guerre fratricide…, crediamo noi davvero che tutto questo si possa dissolvere come fumo nel vento, senza che l'uomo di quest'epoca bastarda paghi il prezzo delle sue inenarrabili atrocità; che tutto si possa riassorbire, rientrare e ricomporre, senza che l'uomo di questo secolo maligno beva l'amaro calice della sua disobbedienza?

E' arrivato il Tempo; l'Apocalisse volteggia sopra le nostre teste e a breve si mostrerà in tutta la sua straordinaria potenza distruttiva. I nostri figli erediteranno un mondo di morte, una realtà senza sogni, una libertà senza regole - e bugie, bugie, sempre e solo bugie!

Proprio in ragione di tutto ciò, posso affermare con la certezza e il disincanto di chi ancora sa interpretare i segnali del cielo, ascoltare il tormento straziante degli spiriti della terra e le loro promesse di vendetta, che la fine di questo mondo è prossima e ineluttabile.

Pertanto, definirla "UNA CRISI" è una sporca menzogna. Questa è la fine di un sistema – la fine di un'epoca - la fine di un mondo.

Si... siamo alla fine, comunque la si voglia immaginare. Il Sistema politico, economico/industriale, finanziario e mediatico è sul punto di collassare, e se ci troveremo impreparati ad affrontare gli eventi, le possibilità di sopravvivere sono quasi nulle. Entro pochi anni, le società ultra liberiste allo sfascio, dovranno fare i conti con la fame e con la sete. La "roba" non avrà più alcun valore.

UNA CATASTROFE UMANITARIA E AMBIENTALE DI PROPORZIONI BIBLICHE

Con la seconda rivoluzone industriale (cronologicamente riportata al periodo compreso tra il congresso di Parigi -1856 e quello di Berlino 1878 - e che giunge a pieno sviluppo nell'ultimo decennio del 1800), si da il via a quel piano necrofilo di SVUOTAMENTO del sottosuolo terrestre che ci sta portando dritti verso una catastrofe umanitaria di proporzioni bibliche. Ad oggi sono state sottratte miliardi e miliardi di tonnellate di gas e petrolio provocando un inquietante sbilanciamento e squilibrio fra l'originaria densità della terra e quella della sua atmosfera. Il pianeta si è alleggerito e l'atmosfera, di contro, si è appesantita.

La prima trivellazione petrolifera risale al 1859 a Titusville, nel nord della Pennsylvania da parte della "Seneca Oil Company", ribattezzata in seguito "0il Creek" (La valle del petrolio).

Oggi nel mondo si bruciano 31.025.00.000 barili (85 cm di altezza media) equivalenti a '26 milioni di chilometri, ovvero sessantotto volte la distanza Terra-Luna, pari a 654 piramidi di Keope: l'equivalente del peso del greggio estratto in un anno, ovvero 3.928.000.000 di tonnellate che producono altrettante tonnellate di fumi e gas che finiscono nell'aria.

E ancora pensate che l'effetto serra e molti dei terremoti siano una fantascientifica congettura dei soliti catastrofisti o, non di meno, la logica e dovuta conseguenza dei comportamenti umani in questi ultimi due secoli?

Per l'imperturbabile principio di causa effetto, siamo dunque destinati a disintegrarci, a sbriciolarci a polverizzarci nell'universo, quando il pianeta Terra, oramai svuotato del suo sangue vitale, imploderà su se stesso dentro le immense cavità prodotte dall'uomo termite, figlio di quest'epoca satanica.

Abbiamo scoperchiato il vaso di Pandora, e le conseguenze prodotte dalla sistematica opera di profanazione si mostreranno apocalittiche.

La fine è dietro l'angolo. Tutto accadrà all'improvviso, quando gli effetti catastrofici innescati dall'impazzimento climatico ridurranno l'Impero Tecno/industriale in un deserto di macerie. Il conto alla rovescia è partito, e solo credere di potere invertire questo processo in atto, è un esercizio di estrema stupidità.

Questa Energia che oggi tanto esaltiamo e che contro ogni logica e ragionevolezza, vorremmo imprigionare, imbrigliare per soddisfare debolezze, perversioni e dipendenze, si pone a paradigma della fine di un'umanità snaturata, svuotata della sua originaria essenza.

LE MANI

Le mani sono il più perfetto, inimitabile strumento di "tecnologia sostenibile" mai apparso sul pianeta. E visto come sta andando il mondo, sarebbe ora di tirarle fuori dalle tasche - non per digitare numeri di telefono sul cellulare o inviare mail, ma per cominciare a zappare, a seminare e a raccogliere – farne uso per spaccare legna, modellare la creta, accendere il camino, tagliarsi e cucirsi i vestiti, impastare la farina, tirare l'acqua dal pozzo, accarezzare i nostri figli, raccogliere i fiori di campo per la nostra donna. Oggi nessuno sa zappare, seminare, raccogliere, accendere un fuoco, cacciare, riconoscere le piante e le loro proprietà. Nessuno sa interpretare i segnali provenienti dalla natura. L'uomo moderno è privo di ogni tipo di intraprendenza, passione, e non è assolutamente in grado di potersi adattare ad avvenimenti catastrofici di portata planetaria.

Di contro, è doveroso domandarsi in che modo potrà ancora sopravvivere il Sistema Potere, se il bacino dal quale si è alimentato per decenni si è ridotto ad un rivolo. La comunità non lavora, non produce e non acquista più, costretta a ridurre i consumi energetici e idrici. Si spengono i boiler, il riscaldamento, si evita di usare l'automobile, di pagare il bollo, l'assicurazione, il meccanico, le sanzioni amministrative - di andare dal dentista, dall'oculista, dal farmacista, mentre la vendita dei beni effimeri e voluttuari sta precipitando ai minimi di sempre a fronte di quelli di prima necessità. Presto la disoccupazione raggiungerà livelli impressionanti, e forse allora cominceremo a capire che solo la terra è il vero potere – il capitale su cui investire, il solo padrone al quale possiamo sottometterci serenamente, senza diventarne schiavi e servi, ma ritrovare in Lei l'autentico significato di libertà.

Il tempo sta per scadere. Il Sistema Capital/liberista è sul punto di implodere dentro un boato sordo. Dobbiamo fare in fretta; organizzarci mentalmente prendendo coscienza della realtà e pianificando una via di fuga per la salvezza, nostra e dei nostri figli.

E' oramai solo una questione di qualche anno. Poi tutto andrà a precipitare; una sorta di Apocalisse silenziosa e strisciante che non risparmierà niente e nessuno.

Quando sento ancora parlare di politiche industriali, di riforme, di crescita e di sviluppo come i soli strumenti idonei per combattere la crisi del capitalismo, mi vengono i brividi, e ancora di più prendo coscienza di quanto le "conquiste" di questo secolo siano state nefaste per tutta l'umanità.

Oggi abbiamo toccato il picco massimo di ogni bene prodotto e più fantasiosa aberrazione, e qualsiasi tentativo a proseguire e perseverare in questa direzione, si è reso impraticabile e suicida. La nostra relativa salvezza, diversamente, sta nella "decrescita": una riduzione netta e pragmatica dell'attività economica industriale e tecnologica, fino al suo azzeramento.

Quattrocento anni fa gli esseri umani, prima dell'avvento del capitalismo, si nutrivano con più di 500 specie diverse di piante. Cento anni fa, con l'egemonia della rivoluzione industriale, si sono ridotte a 100 le specie diverse di cibo, che dopo l'aratura passavano ai processi industriali. Da trent'anni, dopo l'egemonia del capitale finanziario, la base di tutta l'alimentazione dell'umanità è rappresentata per l'80% da soia, mais, riso, fagioli, orzo e manioca. Il mondo è diventato un grande supermercato, unico. Le persone, indipendentemente da dove vivono, si nutrono della stessa dieta di base, fornita dalle stesse imprese, come se fossimo i maiali di una grande porcilaia che aspettano, passivi e dominati, la distribuzione della stessa razione giornaliera.

C'è stata un'enorme concentrazione della proprietà della terra, dei beni della natura e del cibo. Qual è la soluzione?

In primo luogo abbiamo bisogno di rinegoziare in tutto il pianeta, il principio che il cibo non può essere una merce. Il cibo è l'energia della natura (sole più terra, più acqua, più vento) che muove gli esseri umani, prodotti in armonia e in collaborazione con gli altri esseri viventi che formano l'immensa biodiversità. Tutti dipendiamo da tutti, in questa sinergia collettiva di sopravvivenza e di riproduzione. Il cibo è un diritto di sopravvivenza. E quindi, ogni individuo della terra dovrebbe avere accesso a questa energia per riprodursi, in maniera egualitaria e senza alcun vincolo. *João Pedro Stédile*

Oggi, lo stato di indigenza, di povertà e di dipendenza dai bisogni primari è tale da indurre i soggetti più deboli della società al suicidio e altri, i più resistenti che a breve saranno costretti ad abbandonare i centri urbani per riparare nelle campagne e prodursi autonomamente il cibo necessario per sopravvivere. Parallelamente, l'Unione Europea, emana leggi che vietano la coltivazione privata di orti e ortaggi e l'allevamento di animali da cortile. La tecnocrazia vuole affamare il popolo, dopo averlo ridotto in schiavitù.

La contaminazione ambientale prodotta dal capital/liberismo in questi decenni, ha fatto terra bruciata di ogni forma di vita. Così non c'è più niente da pescare, da cacciare, un orto da coltivare e, più in breve, la possibilità procurarsi quel cibo al fine di soddisfare i bisogni primari della gente. Ci è stato impedito di seminare, costringendoci ad acquistare al Mercato del Grande Malfattore, sementi geneticamente modificate, ortaggi e animali da cortile, clonati e pompati, e quella lunga lista di sostanze chimiche cancerogene che devastano i corpi dei nostri figli, dispensando dolore e paura fra la cittadinanza. L'obiettivo di tutto questo è di controllare la catena alimentare globale per renderci schiavi, e dipendenti dalla loro insanguinata mercanzia – non che sterco del diavolo.

Questo non ha niente a che vedere con l'idea di alimentare il mondo. Il vero scopo è di aumentare gli introiti delle grandi corporation dell'industria chimica (*Monsanto, Syngenta, DuPont, Dow, Bayer e Basf*) e cancellare ogni nostra risorsa, capacità, e residua volontà - Renderci inoffensivi, insomma, per poi schiacciarci come un pugno di mosche, ronzanti e fastidiose; noi, le inconsapevoli cavie di laboratorio di un progetto di sperimentazione di stampo nazista, di dimensioni planetarie, che terminerà con "la soluzione finale". Uno sterminio, questo, scientificamente programmato, che rientra in un progetto di sfruttamento integrale di ogni risorsa energetica e degli individui, asserviti e resi schiavi in ragione della loro (presunta) inferiorità, incapacità e inutilità. Esseri non uomini, in breve, né animali, che non appartengono ad alcuna razza, specie e forma di vita, ma meri ingranaggi di un Sistema necrofilo, e clienti classificabili esclusivamente sulla base del loro potere d'acquisto.

Io, da questo preciso momento, impugno contro lo Stato il mio diritto di nascita - naturale, inderogabile e inalienabile - in virtù del quale a ogni uomo spetta un pezzo di terra da coltivare, l'accesso all'acqua e un riparo. Inoltre chiedo e pretendo il risarcimento di tutti danni procurati all'ambiente (non che la sua immediata bonifica) e causa i quali si è determinato un livello di contaminazione tale, da avere resa impossibile qualsiasi condizione di autonomia e di autosufficienza, che dall'alba dei tempi era alla base di ogni società che si definisca "civile" e libera.

Così, ci è stata sottratta ogni sovranità e calpestato il più naturale fra tutti i diritti dell'uomo: il diritto alla felicità.

Ma io non ci sto!!! Noi non ci stiamo!!! Si è resa necessaria e prioritaria a tutto il resto, una dichiarazione di guerra contro tutti quegli stati che non intendono rispettare i diritti naturali, intangibili e irrinunciabili dell'individuo, dal giorno del suo concepimento su questa terra.

E quando presto la disoccupazione raggiungerà livelli inimmaginabili, e la qualità della vita a caduta libera costringerà centinaia di milioni di individui del mondo occidentale all'accattonaggio e a ogni sorta di aberrazione, allora, e solo allora, comprenderemo il valore incommensurabile della Madre Terra e del suo infinito potere – La Terra, il solo padrone al quale avremmo dovuto sottometterci, sottostare e ubbidire, rispettandone le sue regole ancestrali, senza diventarne schiavi e servi, ma attraverso Lei, ritrovare l'autentico e primigenio significato di libertà. E quando tutto sarà palese e noi, volenti o nolenti, ignoranti e intelligenti, dovremo per forza e necessità prendere atto di quali erano le reali finalità del Sistema Bestia e del suo piano diabolico di omologazione, a quel punto, saremo già tutti schiavi.

A ogni essere umano, ripeto, spetta un pezzo di terra, l'accesso all'acqua, una dimora, e la possibilità inderogabile di potere soddisfare i suoi bisogni primari con la sola forza delle sue braccia e attraverso quella passione vivifica e salvifica, che nasce da quel rapporto simbiotico di mutuo scambio che da sempre si era stabilito fra uomo e natura. Ma oggi questo diritto è stato calpestato e reso ridicolo.

Da qui nasce la necessità di assegnare i beni della natura (terra, acqua, energia) ripartiti fra tutti gli individui della terra.

Fino al momento in cui non saranno ripristinati tali diritti e le condizioni necessarie atte all'epocale e radicale cambiamento di riconversione, i governi delle nazioni tutte si dovranno nel frattempo accollare l'onere e l'obbligo di provvedere alla sussistenza dei cittadini, in virtù di una somma congrua mensile per ciascuno di loro

Le società si potranno definire democratiche e civili, solo a patto di garantire ai cittadini il diritto alla sopravvivenza e all'autonomia, avendo accesso all'acqua, alla terra e alla necessaria energia.

"Ciò che fa il contadino quando il fiume travolge gli argini e invade i campi: bisogna salvare il seme. Quando il fiume sarà rientrato nel suo alveo, la terra riemergerà e il sole l'asciugherà - E se il contadino avrà salvato il seme, potrà gettarlo sulla terra resa ancor più fertile dal limo del fiume, e il seme fruttificherà, e le spighe turgide e dorate daranno agli uomini pane, vita e speranza - bisogna salvare il seme". *Giovannino Guareschi*

Le società moderne consumiste - così come oggi sono organizzate, finalizzate, e che con tanto accanimento deploriamo e (a parole) combattiamo, non sono che il risultato dei nostri comportamenti irrazionali ai quali non sappiamo e non vogliamo rinunciare.

La situazione odierna è talmente drammatica da avere segnato un punto di non ritorno. In una tale condizione non c'è spazio per le parole, le recriminazioni e le criminalizzazioni!

Perseverare e persistere nel tenere in vita fino al suo ultimo secondo questo baraccone industriale è un'autentica follia.

Non ci resta molto tempo, e se oggi non aiutiamo il Sistema a morire, in una sorta di benevola e cristiana eutanasia, ma passivamente prolunghiamo la sua agonia (e quindi la nostra) fino al suo naturale e ineluttabile spegnimento, avremo perso un'ulteriore e ultima occasione di pacificare le nostre coscienze e dare un senso alla nostra esistenza.

Certo, è una medicina molto amara, dagli effetti collaterali devastanti, ma è la sola di cui disponiamo. Il Sistema va resettato totalmente, e solo dalle sue ceneri potrà sorgere una nuova alba.

E' quindi il caso di abbandonarlo a se stesso, al fine di isolarlo e, in seguito, di spegnerlo. Dobbiamo recidere ogni canale di alimentazione che concorra al suo mantenimento e a rafforzarne il suo potere.

Combatterlo, è uno sforzo improduttivo e un inutile spreco di energie. Energia che dobbiamo conservare per ricostruire una nuova esistenza lontana da ogni subdola lusinga, illusoria comodità ed effimera dipendenza.

Il Sistema Bestia sta programmando un piano di difesa e di soppressione globale per contrastare le inevitabili rivoluzioni e sommosse che si accenderanno su tutto il pianeta per via dell'acqua, dell'energia e del cibo.

I detrattori delle "teorie della Fine", sono gli stessi che la Fine l'hanno prodotta, sostenuti da una moltitudine di allocchi, abbagliati dalle subdole lusinghe di una "modernità" che prometteva potere, bellezza, denaro, vizio, perversione e immortalità. Io che, da lungo tempo, interpreto i segnali allarmanti e i sempre più ricorrenti scricchiolii del Sistema Bestia, non che il diramarsi di tutte le sue metastasi sul tessuto connettivo sociale so, con la matematica certezza che è propria della logica elementare, che siamo prossimi ad un evento catastrofico di portata planetaria.

Definire il Liberismo un modello socio/economico portatore di benessere e civiltà, è una ulteriore mostruosa menzogna. In verità è un cancro maligno che si alimenta sottraendo alla società, all'ambiente e alla terra, ogni risorsa, fino al suo azzeramento. Quando a breve il Sistema, non avrà più nulla di che nutrirsi, stramazzerà al suolo morente dentro un boato sordo, travolgendo con sé ogni cosa e ogni vita.

Se un vampiro, per sopravvivere, entra ogni notte nella tua camera da letto succhiandoti il sangue senza dare al tuo organismo il tempo di rigenerarne di nuovo, entro breve morirai. E la stessa fine farà il Vampiro, che non ha più di che alimentarsi. E visto che siamo governati da sanguisughe che passano il tempo ad escogitare sempre nuovi modi, mezzi e strategie per dissanguarci, diventa difficile spiegare loro che non ci sarà mai più alcuna crescita e nessun sviluppo, quando ogni residua risorsa è finita per sempre, perché il Sistema è fallito, si va spegnendo, e sta per tirare le cuoia.

Quei pochi sopravvissuti, che per motivi di opportunità si erano in precedenza sganciati dalle dipendenze del Sistema rendendosi autonomi, potranno in seguito godere di un sorprendente e straordinario silenzio, che mai, prima di allora, avevano ascoltato - all'alba di una nuova rinascita.

Afferma Osho: "Le circostanze esterne non sono così difficili da cambiare, ma la letargia interiore è vecchia di secoli. L'incoscienza è così primitiva, le sue radici così profonde, che c'è bisogno di una determinazione totale da parte nostra, una tremenda determinazione, un impegno, un profondo coinvolgimento.

Dobbiamo rischiare il tutto per tutto. Altrimenti non ci sarà possibile trasformare noi stessi - rimarremo sempre gli stessi.

Voi potreste essere l'ultima generazione alla quale è ancora possibile ribellarsi, e se non vi ribellerete, potrebbero non esserci più opportunità. "L'umanità potrebbe essere ridotta allo stato di robot - quindi, ribellatevi finché c'è ancora tempo".

Pasolini, un uomo dalla lucidità drammaticamente attuale affermava: "La distruzione di valori non implica una immediata sostituzione di altri valori, con il loro bene e il loro male, con il necessario tenore di vita e insieme un reale progresso culturale. C'è nel mezzo, un momento di imponderabilità, ed è appunto quello che stiamo vivendo - e qui sta il grande tragico pericolo".

E quello che sembrava solo un pericolo, si è oggi rivelata una drammatica realtà: "un momento di imponderabilità" dove tutto è stato relativizzato e capovolto in funzione di vantaggi, privilegi, profitto e potere.

All'orizzonte, nessun nuovo valore sembra avere sostituito i precedenti, ma solo un caotico e schizofrenico turbinio di supposizioni, congetture, ed effimere promesse "

Ma come cambiare lo stato delle cose, senza una "determinazione totale" da parte di tutti? Certo, senza consapevolezza non può esserci determinazione, quando gli stessi padri non sanno più indicare il cammino ai propri figli.

Siamo alberi senza radici, disancorati da ogni oggettivo parametro di giudizio e di quella consapevolezza che, un tempo, interveniva come elemento di comparazione assoluta, deputata alla distinzione fra il giusto e l'iniquo, il vero dal falso e fra la furbizia e l'intelligenza.

Ci siamo persi nel "Tutto è Relativo" adottato in massa ad attenuante quotidiana, disertando ogni responsabilità individuale e personalismo e omologandoci ad un sistema nel quale abbiamo riposto ogni intraprendenza, capacità critica e speranza di futuro. E qui ci siamo fottuti!

Il Sistema poi - diversamente da un tempo - non è più in grado di smaltire milioni di tonnellate di scorie sintetiche, tossiche, radioattive e cancerogene che ogni giorno e incessantemente, rigurgita sul territorio e nelle acque.

Oggi il Sistema è saturo; bloccato. Ogni tentativo di rianimarlo, immettendo sul mercato nuova mercanzia, non fa che peggiorare il suo stato. Sarebbe come se un medico, per curare una pericolosa indigestione, costringesse il suo paziente ad una solenne abbuffata. Il Sistema, come il paziente indigesto, in preda a crampi, conati e nausee, sarà più propenso a vomitare, per liberarsi dalla schiavitù di un disagio non più sopportabile e dal rischio di collassare. L'indigestione, in questo caso, è simbolica di un consumismo sfrenato, selvaggio e senza regole che ha congestionato ogni settore della nostra società. Nel bisogno di espellere per liberarsi, possiamo individuare l'ineludibile necessità di fare ritorno ad un passato, regolato dall'impianto etico originario; dalla consapevolezza, dalla conoscenza e dalla ragionevolezza.

A cosa servono le società, se il loro fine ultimo non è volto a perseguire lo stato di diritto, il bene comune, la qualità della vita dei cittadini e la loro felicità?

Il meccanismo che fa muovere e girare il Sistema in cui viviamo, che lo alimenta e lo ingrassa, opera esclusivamente in funzione degli interessi particolari di logge, cosche, caste, consorterie, corporazioni e l'hobby di potere, e sull'onda di pulsioni e pruriti, vizi e perversioni a sfondo sessuale, e generiche dipendenze da soddisfare in tempo reale.

Le società in quanti tali (nel loro più corretto significato etimologico e per lo scopo a cui erano destinate), non esistono più - sono fallite. Tutto è trasfigurato in una messinscena carnevalesca, commedia tragicomica, in torre di Babele, dove tutto è il contrario di tutto, essendo venuto meno e cancellato quell'impianto etico connaturato, che, da sempre, aveva il compito d regolare, monitorare e armonizzare i comportamenti umani, evitandone le degenerazioni e il caos sociale.

Le democrazie occidentali sono così marce e corrotte in ogni loro cellula, a tal punto, che se per assurdo si riuscisse ad imporre regole ferree e pene certe, lo stesso Sistema Economico Finanziario Globale imploderebbe in breve tempo, e il Sistema Potere affonderebbe definitivamente.

E' questa la cruda e sconcertante realtà, risultato di un liberismo tiranno e senza regole, che attraverso un meccanismo perverso improntato al consumo sistematico di beni effimeri e di nessuna qualità, durata e robustezza, consolida il suo potere e guarda al risparmio dei cittadini, come ad una sciagura planetaria.

Ergo, potrai educare tuo figlio nel migliore dei modi e insegnare lui tutto il bene del mondo ma, un giorno la fuori, la "bestia liberista" farà carta straccia di tutto il tuo lavoro, impegno e sacrificio. E se mai tuo figlio, miracolosamente, dovesse sopravvivere alla "bestia", allora sarà accusato di complottismo, messo all'indice e alla gogna, come eretico, sovversivo e terrorista, e per lui sarà la fine.

Oggi siamo al punto culminante di questo processo morboso che non concede vie di scampo, né pragmatiche soluzioni atte, non dico ad invertire ma almeno a contenere la sua maligna virulenza, per limitarne in parte i danni.

Minimizzare e banalizzare l'attuale crisi, appellandosi irresponsabilmente a una difficoltà globale con l'intento di giustificare i crimini e collusioni della Cricca al governo delle nazioni, è l'ennesima strategia di questa infausta Gang di politici al Potere, che ancora una volta riverseranno sulla comunità, oneri e sacrifici.

Cosi, le società, che erano nate e divenute per andare incontro ai bisogni della gente, alle emergenze primarie delle fasce, più deboli ed emarginate, ridurre la forbice della disuguaglianza e della libertà fra i diversi strati sociali, le società, dicevo, hanno mutato la loro originaria ragione di mediazione e di arbitro super partes, in quella di procacciatore d'affare, cassaforte di profitti, di privilegi, di impunità e potere.

Per meglio comprendere il perché di una tale situazione/condizione, dobbiamo immaginare il progetto liberista come una grande casa da gioco d'azzardo, dove tutta la ricchezza incamerata è il frutto delle perdite dei giocatori clienti. A tutti gli effetti, una vera e propria associazione per delinquere con l'aggravante che la stessa è regolamentata dalla medesima: lo stato.

Oggi, le società moderne operano per conto delle banche, assicurazioni, classe politica, al soldo dei grandi gruppi di potere che incassano tangenti, proporzionalmente alla loro capacità di sapere vendere spazzatura (finanziaria o di altra natura) a una clientela classificabile esclusivamente sulla base del suo potere d'acquisto.

Ma oggi, diversamente da ieri, limoni da spremere in giro non ce ne sono più!

La gente chiude i conti correnti, non compra azioni, evita ogni tipo di investimento e il listino di borsa si avvia al definitivo tracollo, condizionato dai titoli bancari. Il valore degli immobili, che in tempi normali cresceva in maniera inversamente proporzionale all'andamento negativo del MIB, oggi si allinea al crollo delle borse. Questo dato, la dice lunga e in maniera esplicita di quanto la situazione odierna sia drammatica e sul punto di esplodere.

Così le banche, a corto di liquidità e non potendo più attingere risorse dalla cittadinanza, si scannano fra loro in un gioco al massacro tradendo quel patto di "non belligeranza" che, all'origine, avevano stipulato fra loro per estorcere denaro alla gente.

Salvare dunque le banche europee dal tracollo imminente, serve solo al Sistema Bestia e non ha nessun effetto benefico sulle società, ma limita semplicemente (e solo per il momento), l'inevitabile fallimento di tutti quei gruppi di potere che non sono più in condizione di onorare, di tenere testa, a tutte quelle spese pazze e miliardarie, che negli ultimi 30 anni hanno contraddistinto la natura maligna e criminale di questi vampiri del sangue dei nostri figli.

Un'idea talmente malsana questa, che non salverà né capre né cavoli, ma accelererà quel processo di necrosi che sta uccidendo, giorno dopo giorno la civiltà dei consumi. E grazie a Dio!

L'IMPULSO NECROFILO NELLE SOCIETÀ MODERNE

Abbiamo scoperchiato il "vaso di Pandora" e liberato quella maledetta energia che la Volontà creatrice aveva da sempre sotterrato e imprigionato sotto i nostri piedi. Così ogni cosa è stata contaminata e violata; ogni acqua, ogni terra e ogni aria. Il cuore dell'uomo si è incenerito sotto la luce rovente della modernità, e le passioni, i sogni, i sentimenti, atmosfere ed emozioni, si sono dissolte come fumo nel vento. Avremmo dovuto rivolgere il nostro sguardo al cielo, sull'esempio delle grandi e illuminate civiltà del passato, e seguirne il cammino intrapreso con la necessaria umiltà, deferenza e il dovuto timore. La Rivoluzione Industriale, si è presto trasformata in una rovente fucina, dove Satana in persona ha forgiato a sua immagine e somiglianza, l'originaria natura umana, depotenziandola da ogni slancio creativo e passionale.

Il problema dell'uomo "moderno" sta nell'ordinamento sociale non adeguato alle sue reali e naturali potenzialità e aspirazioni, negandone così la sua autenticità e lo scopo. È interessante la conclusione di Erich Fromm quando afferma che, così come esiste una "follia a due", esiste anche una "follia a milioni". Il fatto che milioni di individui condividano gli stessi vizi non fa di questi delle virtù e quindi, nel caso, milioni di persone condividono la stessa società e le stesse patologie. Una società sana deve insomma sviluppare quelle condizioni che possano promuovere la salute mentale e quindi favorire prospettive, progetti ed obiettivi, sostenendo la tendenza dell'uomo ad amare i propri simili, anziché creare condizioni di divisione e di competizione. L'aggressività maligna, è quella pulsione irrefrenabile che induce alla spinta distruttiva, ben spiegata, da Fromm, nell'atteggiamento del sadico, il cui desiderio è trasformare una persona in un oggetto, in un elemento di possesso, su cui esercitare la propria volontà dispotica e oppressiva.

In quest'ottica si delinea quindi, quello che Fromm definisce, un atteggiamento necrofilo dove, la tendenza di vita (insita nel biofilo) viene progressivamente ridotta fino a farla diventare inanimata; questo amore e questo tendere verso l'inanimato viene definito da Fromm, necrofilia. Quello che emerge dall'analisi di Fromm è che l'aggressività e la distruttività umana risentono delle condizioni ambientali in cui l'individuo nasce, cresce, matura e della struttura del sistema sociale stesso. Da qui le risposte potenziali sono due: la prima è la sindrome alla vita; ma quando l'uomo viene soppresso, frustrato e alienato, l'altra risposta, che è in grado di dare, è di tipo distruttivo, regredendo verso stadi inferiori e volgendo alla necrofilia che porta inesorabilmente alla sindrome che ostacola la vita.

La necrofilia può essere descritta come l'attrazione per tutto quanto è morto, putrido, marcio, malato; l'impulso volto a trasformare quel che è vivo in qualcosa di non vivo; di distruggere per il piacere di distruggere, l'interesse esclusivo per tutto quanto è puramente meccanico - la passione di "lacerare le strutture viventi". La necrofilia si manifesta con l'amore per le macchine, per tutto ciò che non è vivo – l'avversione per le persone, gli odori, i sapori, i colori, e per tutto ciò che ricorda la vita. La tecnica, che rappresenta la base su cui poggia l'organizzazione dei sistemi industrializzati, è strettamente legata alla spinta distruttiva della necrofilia.

Con la "tecnicizzazione della distruzione" avviene la rimozione del "riconoscimento affettivo completo per quello che si sta facendo" e perciò la sua razionalizzazione.

All'interno della società di massa, la necrofilia subisce una specie di evoluzione. La sua correlazione con le percezioni sensoriali dirette come l'olfatto, il tatto, il gusto diventa sempre più modesta, fino a scomparire del tutto. Gli interessi dell'uomo si trasferiscono da ciò che è naturale, spontaneo, vivo e umano, a ciò che è, artificiale, meccanico, divertente ma non gioioso. La sessualità diventa una capacità tecnica, i sentimenti sono appiattiti e talvolta sostituiti col sentimentalismo. Il controllo assoluto dell'ambiente circostante, bramato dal necrofilo, finalmente è raggiunto, grazie alla tecnica, ma esso si espande a tal punto da inglobare la vita stessa dell'individuo, che a sua volta sarà controllato dalle macchine da lui create. Il carattere distruttivo dell'uomo assume dimensioni planetarie, paradossalmente proprio per colpa dell'aumentare della sua conoscenza tecnica. Una distruttività che non si limita al presente, ma che è rivolta a un ipotetico futuro. L'uomo cibernetico sviluppa ulteriormente il suo narcisismo, diventando egli stesso uno strumento per raggiungere il successo, e quindi, intensificando verso l'interno, l'investimento libidico ma, allo stesso tempo, egli allarga il proprio Sé, su una realtà solo virtuale (come diremmo oggi), su cui riversare gli impulsi narcisistici. Si instaura così un altro rapporto simbiotico di dipendenza in cui, la madre dell'uomo non è più la natura, ma quella 'seconda natura' che egli si è costruito; le macchine che lo nutrono e lo proteggono" - un quadro perfetto della nostra realtà.

La biblica "mela" che, in maniera subdola e seducente, il serpente demone, offre alla coppia Adamo ed Eva, venendo meno, così, a un patto verbale stipulato con il loro Creatore, è la metafora inequivocabile dei nostri tempi.

Il mondo moderno è l'ovvio risultato della profanazione del mistero della vita, sulle cui basi ha edificato il suo impero perverso fatto di menzogna, contraffazione, paura e relativismo. Il mistero violato è paradigma di infedeltà verso l'impianto etico e di vanesio narcisismo di un Ego corrotto che nell'incomprensione arbitraria del Disegno Divino e delle attenuanti addotte, degenera, da peccato, in reato grave per alto tradimento. Un peccato dunque imperdonabile che, per la sua unicità e la straordinaria gravità, ha contemplato una pena esemplare e senza sconti.

Questa Energia che tanto esaltiamo e che contro ogni logica e ragionevolezza, vorremmo imprigionare, imbrigliare per soddisfare debolezze, perversioni e dipendenze, si pone a paradigma della fine di un'umanità snaturata, svuotata della sua originaria essenza. La sola Energia di cui abbiamo bisogno, va ricercata nella nostra volontà, nella forza delle nostre braccia, nello spirito di solidarietà e nel comune buon senso. Siamo privi di quella passione che da sempre ha motivato e caratterizzato ogni azione umana, liberandoci dalla paura e riconciliandoci con il mistero della vita. Il futuro dei nostri figli non risiede negli inferi del sottosuolo terrestre, ma è qui, sopra le nostre teste, nel vento che accarezza le foglie degli alberi e nella sorprendente luce del sole che riscalda i nostri cuori.

Lo scollamento radicale dell'uomo dalla terra è la sola e vera causa della tragedia umana, morale e di civiltà, che presto esploderà in tutta la sua potenza con tutte le conseguenze del caso.

Per tutto questo (con il senno di poi) avremmo dovuto investire in beni duraturi, essenziali e non soggetti a contraffazione, manipolazione, immuni da ogni possibile interferenza industriale che ne potesse contaminare la loro natura.

Il lavoro industriale non paga, contamina l'ambiente, annulla l'individuo, deprime ogni sua aspirazione e passione, fino a ridurre la sua esistenza a luogo di espiazione e in supina accettazione di una condizione innaturale, dove è degradato ad ingranaggio, funzionale solo ai ritmi produttivi e ai profitti del Sistema Padrone – E quel che è di peggio, ci imbruttisce e ci incattivisce, rendendoci refratta-

ri ai bisogni degli altri e sempre più vulnera-
bili al dolore e alla malattia"

E' giunto il momento di un massiccio ritorno alla Terra e di pacificazione con la natura.

L'uomo che non possiede terra e non dis-
soda, non semina e non raccoglie i suoi frutti
benedetti, non può considerarsi tale, ma elemento improprio di un habitat in cui non si
riconosce, lontano da quel disegno imperturbabile che, dall'origine, regolava e monitora-
va i comportamenti umani, armonizzandoli
fra loro ed evitandone le degenerazioni.

Questa inedita specie di uomo "moderno"
è come un'ape senza fiori, un pesce senza
mare, un albero senza radici, un uccello senza cielo, una religione senza Dio, un cuore
senza passione; è come una vela senza vento.

Non siamo che gli ingranaggi consunti e
arrugginiti, di un meccanismo perverso e
pervertito, i cui costi, relativi alla sua manutenzione e alla bonifica di tutte le scorie tossiche prodotte e disperse sul territorio
dall'Industrialesimo Distruttore, superano di
gran lunga i benefici apportati alla comunità

(nel senso di qualità della vita e di felicità), e gli stessi guadagni.

La capacità di sognare, di amare, di credere e di sperare, è il prodotto di quel rapporto simbiotico (scambio mutualistico) che, da sempre, l'essere umano ha avuto e coltivato con la Terra, madre indiscussa del nostro destino. Una Terra oggi, straziata, vilipesa, violentata e stuprata, da un'orda di diavoli dai bianchi colletti e cravatte chiassose, che hanno mercificato con Satana, il sangue e il futuro dei nostri figli, a fronte di vizio e di potere.

Una buona parte del vecchio mondo ha resistito alle seduzioni del Liberismo fino a 50/60 anni fa, dopo millenni in cui l'uomo (quello veramente sapiens) traeva ogni suo sostentamento, vera gioia e vero dolore dalla Madre Suprema; la Terra. Le nostre paure più perverse, attacchi di panico, depressione, le infinite forme nevrotiche e altro ancora, non sono, che il risultato di questo scollamento fra uomo e natura. Le tradizioni, il rito magico, l'iniziazione, il folclore, il timore dell'inconoscibile, erano le fondamenta etiche di un vivere consapevole. Oggi siamo sommersi dal Nulla e avvolti in un dolore pungente dal quale non ci sappiamo liberare.

E non servono farmaci, droghe, effimere libertà, per lenire il nostro dolore esistenziale! E' giunto il tempo della Grande Riconversione Biologica; abbandonare le città per affondare le nostre mani nella terra – zappare, seminare, raccogliere e in fine, sperare. Questa è la sola e vera conoscenza, medicamento e cura, per tutti i nostri mali: ritrovare la nostra vera essenza, la magia perduta, il silenzio e la Fede, senza la quale, nulla ha un senso.

La nostra epoca è caratterizzata da un'idolatria di quart'ordine, dove si mitizzano star della musica, calciatori, piloti, attori, politici e sgualdrine, e dove il concetto di "divino" è stato per sempre cancellato da ogni azione umana, sentimento ed emozione. Una portata di fuoco diseducatrice e mistificatrice che il Sistema Bestia ha messo in atto per mercificare (senza più alcun ostacolo di natura etica e morale) la sua effimera e insanguinata mercanzia.

Il mondo contadino del passato (che rappresentava un buon 99% della popolazione), era caratterizzato dall'autonomia e dall'autosufficienza, e ogni singolo o gruppo definiva e determinava una sua "ragion d'essere", sulla soddisfazione dei bisogni primari ed essenziali, relativi e dipendenti al territorio; alla sua capacità di produrre beni (acqua, fertilità, energia) e sulla spinta propulsiva di consolidate tradizioni e ataviche credenze.

La forza di volontà, che in passato aveva la funzione, lo scopo e la potenza di produrre diversità e merito, è venuta meno, per trasfigurare in omologazione e supina accettazione.

Il Sistema, del resto, campa proprio in virtù dei nostri comportamenti irrazionali e su una conclamata stupidità della gente che, nel tempo, è trasfigurata in un'inedita forma di schiavitù dai bisogni virtuali, del tutto inefficaci e sicuramente devastanti per la salute.

Abbiamo perduto quella conoscenza di base che un tempo era sinonimo di autonomia, di autosufficienza, e dove l'individuo era unico e solo artefice e responsabile della propria condizione.

Quei sacri doni che, fin dall'alba dei tempi, hanno determinato la condizione umana e le sue imprescindibili e originarie ragioni, si attestano negli elementi di, Terra, Acqua, Aria e Fuoco, in virtù di un quinto, fondante, creatore e generatore di ogni cosa che, nella Fede, esprime tutta la sua potenza e natura trascendente: Dio.

"L'orto è una grande metafora della vita spirituale", scrive *Enzo Bianchi* nel suo libro "Il pane di ieri". E continua, "anche la nostra vita interiore abbisogna di essere coltivata e lavorata, richiede semine, irrigazioni, cure continue, e necessita di essere protetta, difesa da intromissioni indebite. L'orto, come lo spazio interiore della nostra vita, è luogo di lavoro e di delizia, luogo di semina e di raccolto, luogo di attesa e di soddisfazione. Solo così, nell'attesa paziente e operosa, nella custodia attenta, potrà dare frutti a suo tempo".

IL NOCCIOLO DELLA QUESTIONE

Oggi il lavoro non paga più – non è più conveniente- sotto ogni punto di vista, che sia la salute, il benessere, il futuro e la felicità. E sto parlando di qualsiasi lavoro che dipenda da terzi e per il quale sacrifichiamo la gran parte della nostra vita ogni santo giorno, e i cui costi materiali, morali e umani, hanno superato di gran lunga i guadagni e i presunti vantaggi. Un dato questo, che sancisce la disfatta e la fine del capitalismo e quindi di un'epoca con tutti i suoi effetti diretti e collaterali sull'umanità e sull'ambiente.

Meglio restarsene in casa ad intagliare un pezzo di legno al caldo di un camino, mentre fuori la pioggia disseta il nostro orto e alimenta il pozzo – finalmente con i nostri figli per restituire loro il tempo dell'amore e dell'attenzione – l'imprinting che modellerà il loro carattere e deciderà le loro scelte future.

Per ciò che la ragione ci può suggerire, io credo che mai, nella storia del mondo si sia prospettata l'eventualità di una società che ha incentrato le sue ragioni e la sua stessa sopravvivenza sul consumo sistematico di beni inutili, superflui e per altro, inefficaci e dannosi.

Un paradosso a tal punto madornale che si scontra con la più elementare logica, capacità di comprensione e che, per il principio di causa/effetto, sancirà la fine di quest'epoca insensata e demenziale.

Ma visto, che il Sistema Bestia campa proprio in virtù dei nostri comportamenti irrazionali, come possiamo noi uscire da questo labirinto e risolvere un tale enigma?

Questo mondo "moderno" andrebbe smantellato fino al suo ultimo bullone, saldatura e ribattino; ridisegnato e ricostruito partendo dalla storia pre/industriale.

E se comunque, per un motivo o per un altro, dipendi dal Sistema, ogni briciola che avrai guadagnato, svendendo la tua vita e umiliando la tua dignità, Lui se la riprenderà – e così la tua salute e la tua libertà. Se poi non hai un lavoro, in pratica, non esisti!

E' questo il nocciolo della questione, che

può essere risolto solo in una condizione di autonomia e di autosufficienza – la sola a poterci garantire il necessario e quotidiano sostentamento ed essere in grado di affrontare i momenti difficili con animo sereno, senza dovere rinunciare a beni primari e alla nostra dignità di uomini.

Ecco i motivi per cui l'uomo di questo tempo deve assolutamente tranciare di netto ogni dipendenza dal Sistema e smetterla di inseguire i canti seducenti delle sirene della modernità.

Solo con un ritorno alla terra possiamo compiere un tale miracolo. E' il percorso più praticabile e meno utopico, contrariamente dal perseverare in quella direzione tracciata per noi dal Sistema Bestia, che ci porterà dritti verso il baratro della nostra fine. Oggi, il futuro è nel passato, e pertanto necessita un radicale intervento di riconversione alla Madre Terra per limitare così i danni di una tragedia annunciata dai contorni catastrofici.

Per tale motivo mi sento oggi in dovere di elargire alcuni consigli attenendoci ai quali, saremo in grado di affrontare il prossimo futuro con relativa serenità, ed evitare di essere sommersi dall'implosione imminente del Sistema Capital/liberista.

COS'È OPPORTUNO FARE

Entro pochi anni dovremo fare i conti con la fame e con la sete. La "roba" non avrà più alcun valore. Caravaggio sarà barattato per una cisterna d'acqua potabile - Chagall per un sacco di riso e Picasso per una cassetta di pomodori.

Così sarà per l'oro, diamanti, opere d'arte e preziosi in genere; varranno meno di un sorso d'acqua, o meno di niente, perché il denaro non sarà più il metro per misurare la ricchezza e il benessere.

Si alzeranno le quotazioni degli asini, dei maiali, delle pecore, dei cavalli, dei buoi, delle vacche, e credo, anche dei topi.

Per questo, io consiglierei di cominciare fin da ora l'operazione di alleggerimento; gli affari per la salvezza si fanno adesso!

Recita il detto: "Chi tardi arriva male alloggia".

Liberatevi dunque al più presto dal peso delle vostre chincaglierie e altro, e con il ricavato acquistate terra e sementi, strumenti di lavoro, candele, lampade a petrolio, torce a dinamo perpetue, fiammiferi, corde, chiodi, martelli, mazze, asce - fate scorte di farina, di riso, di grano, e di tutto ciò che ritenete d'aiuto (come: medicinali, una bussola, una mappa del territorio) per superare la fase iniziale di questa straordinaria avventura verso la luce. L'adattarsi alla nuova condizione, farà scattare dentro di noi insospettabili meccanismi da lungo tempo assopiti, e ci accorgeremo in breve tempo di possedere risorse inimmaginabili e una capacità di adattamento sorprendente.

Il passo successivo consiste nell'abbandonare definitivamente le città per tornare a vivere fra i boschi, nelle valli, sulla riva dei fiumi, in riva al mare - ripopolare i vecchi borghi abbandonati, da Nord a Sud, risistemare casolari, mandrili, porcilaie e ogni struttura che conservi intatti i muri perimetrali. In seguito, individuare un pezzo di terra in zone non troppo fredde, con accesso all'acqua; che sia una fonte, una sorgente, un ruscello, un lago, e cominciare a zappare, a seminare, irrigare e in fine raccogliere.

Camino e forno a legna, si ritengano beni primari, indispensabili per cucinare, panificare e affrontare i periodi freddi e piovosi. Pertanto, nella ricerca del posto ideale, va considerata la possibilità di potere recuperare legna da ardere, pietre e malte naturali, come: creta, argilla, gesso, calce aerea, sabbia vulcanica, e simili.

Da circa vent'anni ho abbandonato quella città infernale – che più da bere è da vomitare – per dare coerenza alle mie vere ragioni di uomo e agli autentici bisogni del mio cuore. Oggi vivo in un posto straordinario della Calabria ionica, fra ulivi e agrumeti, lontano dalla pazza folla, coltivando un piccolo appezzamento di terra – un paradiso che pacifica ogni mia esigenza e disseta ogni mio desiderio di autonomia e di bellezza. La tragi/commedia del posteggio, il gratta sosta, l'ekopass, sanzioni amministrative, vigili come aguzzini, caos, orrore e inquinamento, sono le immagini sbiadite di un incubo che ho rimosso da tempo, per fare posto alla solidarietà, alla cortesia e alla grazia di persone semplici e colme di sentimenti. Adesso respiro a pieni polmoni l'ossigeno della libertà, mentre dalla finestra del mio studio osservo il bagliore della luna riflettersi sul mare, come in un sogno ad occhi aperti.

Per fare un esempio pratico, ho organizzato un piccolo pollaio e posso contare su 5/6 uova ogni giorno. Con gli avanzi del pranzo e della cena, alimento le mie galline, polli e tacchini, in aggiunta di alcune particolari erbe che trovo in collina. Consumo verdure di stagione che coltivo nell'orto e altre selvatiche che raccolgo in campagna. Produco l'olio necessario per il fabbisogno famigliare, del buon vino e un ottimo aceto. Ho frutta e ortaggi in discreta quantità che trasformo in confetture e conserve, disponendo inoltre di tutto ciò che la natura mi dispensa stagionalmente con la generosità che la caratterizza! E poi arriva la stagione dei funghi, dei carciofini selvatici, dell'origano, del finocchietto, della cicoria amara, delle erbe aromatiche, delle lumache e tanto altro ancora. Con gli amici ci scambiamo, in forma di baratto, i più diversi prodotti della terra. Così, per la farina di grano, io cedo olio d'oliva, e arance per carciofi. Ho molta pratica con la manualità e difficilmente mi avvalgo di qualcuno esterno al mio ambito per la soluzione di un qualsiasi problema. In caso contrario, visto il sentimento di solidarietà che ancora è vivo e vegeto in questa piccola comunità, non avrei che l'imbarazzo della scelta.

Non faccio uso di riscaldamento, condizionatore e diavolerie de genere! Mi sono ambientato e ne ha giovato la mia salute, risparmiandomi da tutti quegli acciacchi e disturbi psicologici che caratterizzano l'individuo omologato della società dei consumi, ridotto al pari di un invalido. Ho giusto un camino e una stufa a legna sulla quale si cucina, e un forno per panificare. Bevo acqua di sorgente. In tutto questo trovo lo spazio per scrivere, per comporre e per leggere. Se il tempo è all'acqua, mi diverto a intagliare il legno, ad ascoltare musica e dedicarmi ai piccoli lavori di manutenzione della casa ed altro.

Ma la cosa straordinaria e irrinunciabile, sta nel potere disporre del mio tempo! Un tempo tutto e solo mio che organizzo come meglio credo o come vuole il cielo. Tempo per i miei figli, per la mia donna, tempo per i miei cani e amici! Non ho padroni né cartellini da timbrare – nessun vigile in agguato pronto ad estorcerti denaro e colpirti al cuore del portafogli per liberare la sua frustrazione di schiavo e di nullità umana – niente acqua contaminata, né aria infetta, né stridenti rumori di ruote ferrate di tram mattutini che annunciano rabbiosi un nuovo giorno di guerra.

Così mi nutro di odori, di profumi, sapori e colori, di emozioni perdute e di magiche atmosfere del passato, che in forma di istantanee, stampo nel mio cuore e codifico nella mia mente arricchendo quella sacra memoria che trasmetterò ai miei figli e nipoti.

Chi è più ricco di me? Chi più di me può assaporare fino in fondo il significato della Vita e della felicità? E non posseggo denaro, né ho potere! Non ho barche, fuoriserie, castelli o servitù – Ma ho la volontà e ho la terra – ho la caparbietà e la forza per combattere questo mondo insensato e malato. Un mondo che ha violato e profanato ogni principio e regola e che oggi brancola nel buio della sua ottusità incamminandosi lungo quel baratro incommensurabile che sancirà la sua disfatta. Vivo così sull'onda di una passione appagante e rigenerante che riverso sopra ogni azione e pensiero, godendo di ogni attimo della mia giornata come fosse eterno, meravigliandomi ancora come un bambino delle continue scoperte che la natura benevola puntualmente mi dispensa. Immagino così nuove avventure, eccitato da ciò che sarà domani, sempre diverso e misterioso, lontano dalla pazza folla e dalla frustrante frenesia omologante di caotiche metropoli al collasso – quei "non luoghi" dove il Sistema necrofilo testa con successo, tutte le sue allucinazioni, per poi diffonderle e renderle fruibili in ogni angolo del pianeta.

Ecco i motivi per cui l'uomo di questo tempo deve assolutamente tranciare di netto ogni dipendenza dal Sistema Bestia e smetterla di inseguire i canti seducenti delle sirene di una modernità canaglia.

L'adattarsi alla nuova condizione (rinunciando finalmente a tutta quella montagna di falsi bisogni, interminabili perdite di tempo, causa di frustrazione, angoscia, insicurezza, stati d'ansia e depressivi connessi), farà scattare dentro di noi insospettabili meccanismi latenti di autoconservazione connaturati all'origine, e in breve tempo ci accorgeremo di possedere risorse inimmaginabili e una rivoluzionaria capacità di adattamento. Se non faremo tutto questo, avremo perso l'ultima occasione di dare un futuro ai nostri figli, di incontrare la bellezza, di conoscere il vero significato della vita e della felicità ma, ancora di più, di potere scorgere Dio con i nostri stessi occhi.

E' tempo di pacificazione con la natura e con i suoi spiriti. E' ora di affondare le mani nella terra per restituire al nostro corpo fisico la sua originaria funzione, e dare allo spirito una dimora degna del suo rango trascendente.

Questa è la sola e vera cura, medicamento per tutti i nostri mali: ritrovare la nostra vera essenza, in mancanza della quale tutto perde il suo senso e significato.

Se oggi non ci rendiamo autonomi – una buona volta per tutte – dando fondo alle ultime risorse di volontà e di coraggio rimaste, e in un sussulto di dignità e di rabbia, rovesciare il tavolo della stupidità umana dall'indolenza letargica dei nostri atti e pensieri, avremmo perso l'ultima occasione per essere liberi, in pace e vivi.

Quando questo accadrà, i territori industrializzati, che hanno fatto del progresso tecnologico, la loro bandiera (noncuranti delle conseguenze e controindicazioni di una tale scelta insensata), pagheranno il prezzo della loro ignoranza e stupidità. Gli individui ancora integri, non contaminati per ragioni di circostanze e di opportunità, diversamente approfitteranno della loro condizione (un tempo derisa e vilipesa) per mettere a frutto la loro conoscenza, terreno di coltura di una nuova e luminosa rinascita.

Il "Relativismo" è uno stato di incoscienza di massa dove tutto è il contrario di tutto; dove verità e menzogna, libertà e licenza, bello e brutto, bene e male, odio e amore, intelligenza e furbizia, si confondono, si fondono e si sovrappongono, fino a divenire un tutt'uno inscindibile; una sorta di girone infernale e di torre di Babele, dove la verità, la somma eresia, è evitata come un virus mortale. Così, il "disastro ambientale" è mutato in "progresso tecnologico", l'accanimento terapeutico passa per diritto alla vita. Le armi di distruzione di massa in bombe intelligenti, la volgarità televisiva in intrattenimento, le merendine industriali per bambini, "fatte come quelle di una volta" - le tragedie private messe in piazza, in diritto all'informazione, i gravi danni causati dall'uso dei farmaci, in effetti collaterali, l'orrore dilagante, in arte moderna - le centrali nucleari, in energia pulita, e il relativismo etico, in società civile. A quel processo di omologazione e di manipolazione di massa, si è preferito il termine di "democrazia ", e la degenerazione trasfigura in "evoluzione". Il falso ha sostituito il vero, la qualità è stata adulterata e l'eccezione, omologata e massificata. La menzogna, applicata come regola relazionale, impera e detta legge. E quando affermiamo; " il progresso sta arrivando anche qui", intendiamo dire che la distruzione e la morte sono oramai vicine.

Pertanto il Liberismo è la culla del "Relativismo" che anticipa l'Apocalisse.

Non abbiate paura di diventare schiavi. Lo siete già ma non vi hanno informati.

Sommario

Progetto editoriale di *Andrea Gallelli*
Ideazione gradfica di *Paulina Federova*